QUESTIONS SOCIALES

LE BIEN-ÊTRE

LA FAMILLE

ET L'ASSURANCE

Clichy. Imp. M. Loignon, Paul Dupont et Cie, rue du Bac-d'Asnières, 12

QUESTIONS SOCIALES

LE BIEN-ÊTRE
LA FAMILLE
ET L'ASSURANCE

PAR

J. ISNARD

OUVRAGE ADOPTÉ PAR S. EXC. LE MINISTRE DE L'INSTRUCTION PUBLIQUE
POUR LES BIBLIOTHÈQUES SCOLAIRES

DEUXIÈME ÉDITION

1869

QUESTIONS SOCIALES

LE BIEN-ÊTRE

LA FAMILLE

ET L'ASSURANCE

CHAPITRE Ier

L'Assurance sur la vie — Ses progrès — Sa mission — Elle fixe l'attention des économistes et des Souverains.

Aujourd'hui la question des assurances sur la vie humaine est jugée. Les progrès rapides faits depuis quelques années, en France, par cette institution, témoignent hautement de ses bienfaits et de ses avantages. Il n'est plus permis à personne de l'ignorer.

Cependant, les moralistes, les esprits observateurs, tous ceux enfin dont les travaux ont pour objet d'améliorer les mœurs publiques par le bien-être, ont droit de s'étonner que ces progrès n'aient pas été plus rapides encore, et n'aient pas revêtu un caractère plus général.

Et, en effet, que nous dit l'Assurance? — Voulez-vous vous mettre, vous et vos enfants, à l'abri des revers de fortune, quels qu'ils puissent être, en vous assurant des moyens d'existence qui ne vous fassent jamais défaut? — Si oui, venez à moi. — Si non, subissez les conséquences de votre imprévoyance, dans le cas où la mort viendrait vous frapper plus tôt que vous ne l'aviez pensé.

Mais, enfin, la lumière s'est faite, et on peut affirmer que, désormais, dans un pays comme le nôtre, où toutes les classes de la société tendent sans cesse à élever le niveau de leur position, les assurances sur la vie sont appelées, par leurs heureux résultats, à une prospérité toujours croissante.

On a si bien compris que cette institution avait pris racine pour toujours en France, que les pays voisins, suivant le mouvement international qui anime toute chose à notre époque, sont venus inaugurer parmi nous les opérations de leurs compagnies, comme déjà nous leur avions porté les nôtres.

Nous constatons le fait parce qu'il accuse très-nettement les tendances de l'opinion publique.

Il signifie, en effet, que l'Assurance entre de plus en plus dans nos mœurs, et que chacun comprend maintenant que s'assurer veut dire : — mettre à la place de l'incertitude et de la misère, — suites de l'imprévoyance, — la sécurité dans le présent et le bien-être dans l'avenir, — par la prévoyance et par l'économie.

* *
*

Telle est, en effet, la mission des compagnies d'assurances. En veut-on la preuve? Nous la prenons dans le sein même de la famille.

Voici un groupe de cinq personnes : trois enfants, le père et la mère. Tous sont heureux. Ce n'est pas qu'ils possèdent déjà une fortune acquise, non; mais ils sont sur la voie de cette fortune, ils ont l'espérance. Le père est actif, laborieux, intelligent, et, en attendant mieux, il sait procurer l'aisance aux êtres qui l'entourent et qu'il affectionne. Encore quinze ans de travail seulement, et alors tout ce petit monde qui aura grandi et sera élevé, et cette mère qui aura vieilli et qui aura besoin de repos, pourront marcher dans le sentier de la vie sans craindre d'y rencontrer la misère.

Mais la mort est impitoyable autant qu'aveugle. Par un coup de sa façon, elle a détruit cet intérieur où tout n'était que bonheur. Elle a frappé l'homme vaillant, alors qu'autour de lui tout restait à faire de ce qu'il avait projeté.

Dans ce grand deuil, que devient la famille ? Hélas ! la ruine sera complète, irrévocable, si le père de ces enfants, le mari de cette femme n'est pas assuré.

Si, au contraire, prévoyant et économe, il a eu l'heureuse inspiration de confier une partie de ses épargnes à l'Assurance, alors tout est changé. Certainement, il a été enlevé pour toujours à l'affection de siens ; mais le capital vers lequel tendaient tous ses efforts, qui devait sauver la famille, et qu'il n'a pu former, l'assurance l'a créé pour lui.

Voilà, dans sa plus simple expression, l'intervention en quelque sorte providentielle des compagnies d'assurances sur la vie dans les choses humaines.

N'avons-nous pas raison de dire qu'il est du devoir de tout écrivain de chercher à vulgariser la connaissance de ces institutions ?

∴

Il faut le reconnaître, d'ailleurs, depuis quelque temps, des esprits aussi distingués que sérieux ne cessent de s'occuper de cette importante question sociale qui touche de si près aux intérêts les plus sacrés de la famille.

Et il est à remarquer que les économistes qui ont tenu à honneur de concourir à la propagation des assurances, ne l'ont pas fait dans un bu purement spéculatif. — Après avoir proclamé l'excellence de l'Assurance dans leurs travaux, et convaincus des services qu'elle peut rendre — quelques-uns l'ont mise en pratique au profit de leurs enfants.

A leur tour, les hommes les plus éminents de la magistrature, des finances, de l'industrie, lui ont donné et lui donnent tous les jours un éclatant témoignage de leur confiance, en s'assurant pour des sommes très-élevées.

Pour que rien ne manquât à la consécration du principe des assurances sur la vie, l'exemple est venu de plus haut encore. — Les Souverains ont voulu, eux aussi, honorer ces utiles établissements de leur auguste patronage.

En Angleterre, des princes ont fait garantir des capitaux considérables sur leur existence.

En France, tandis que l'Empereur — toujours préoccupé de l'extinction du paupérisme, — prenait l'initiative de la création de la *Caisse des Petites Assurances,* l'Impératrice s'assurait pour deux millions au profit de l'orphelinat qu'elle a créé et qui porte son nom. Elle a voulu montrer ainsi aux heureux de la terre le noble usage qu'ils pouvaient faire du superflu de leurs richesses.

Elle signalait, en même temps, à ceux qui ont besoin de se préoccuper de l'accroissement du bien-être de leurs familles, les avantages produits par l'assurance sur la vie.

Enfin, l'Impératrice, en s'assurant, a donné encore l'exemple de cette prévoyante et ardente charité qui vit et agit pour nous, même quand nous ne sommes plus.

Et c'est beau, c'est grand, en effet, d'avoir la pensée de ce nouveau, de ce suprême bienfait.

Voilà sous quelles influences diverses les assurances sur la vie ont pris en France, depuis quelques années, le développement considérable auquel elles sont parvenues.

CHAPITRE II

Opinion d'un médecin en matière d'assurance — L'imprévoyant — L'esprit fort — Mort stérile que l'Assurance aurait rendue profitable — Appel à la raison du père de famille — L'homme à qui Dieu aurait promis quatre-vingt-dix ans d'existence devrait-il s'assurer ?

Cependant, combien de pères de famille ne sont pas assurés encore, alors que pour eux s'assurer serait une obligation ! D'où vient cette indifférence ? De l'esprit d'imprévoyance naturel à tous les hommes ; de l'espoir que nous avons de vivre sans cesse en parfaite santé, en pleine possession de notre intelligence et de nos forces. — Espoir mal fondé, et si souvent en désaccord avec les faits !

Combien d'hommes jeunes et robustes, en effet, ne voyons-nous pas s'éteindre journellement parmi nous ?

Un médecin distingué, professeur de l'une de nos Facultés, disait un jour : « Je ne comprends pas pourquoi l'homme assure sa maison et n'assure pas sa vie. Habitué à voir de près la fragilité de l'existence humaine, je suis effrayé de tant d'imprévoyance. Sans doute on fait bien d'assurer sa maison ; cependant la maison peut ne pas brûler. On aura donc payé les primes de l'incendie pendant 50, 60 ans, et davantage, sans que la compagnie ait eu à donner une obole. Mais il n'en est pas ainsi dans l'assurance sur la vie ; car si le feu épargne la maison, la mort n'épargne pas l'existence.

« Eh bien ! si l'homme consent à payer des primes qui seront peut-être sans résultat pour lui, puisque sa maison peut ne pas être détruite par l'incendie, pourquoi ne payerait-il pas, et avant tout, les primes de l'assurance sur la vie, alors qu'il est certain qu'elles donneront infailliblement droit à l'indemnité promise, la mort étant inévitable pour tous, et venant toujours plus tôt qu'elle n'était attendue? »

Ce médecin, qui ne pouvait se faire d'illusion sur le peu de certitude de la vie de l'homme, ne raisonnait-il pas juste?

⁂

L'homme est imprévoyant, nous l'avons déjà dit, et il compte sur une longévité qui ne lui appartient pas.

C'est la première raison qui l'éloigne de l'assurance.

Il en est d'autres. — L'homme ne veut pas s'astreindre à réfléchir. Il aime mieux laisser couler sa vie avec insouciance, comme l'eau coule sous le pont, sans savoir ni d'où elle vient, ni où elle va.

Cependant la vieillesse arrive. Avec elle arrivent les regrets. Alors l'homme se réveille de son indifférence ; mais il est trop tard. Le temps de constituer un patrimoine à la famille qui n'en a pas, ou qui n'en possède qu'un très insuffisant, manque complétement.

La vie de cet homme qui a déjà vécu est si courte qu'elle n'a plus de valeur.

Pour lui en donner une, il faudrait mettre dans le plateau de la balance, où cette existence pèse si peu, un appoint en argent. C'est-à-dire qu'il faudrait verser une prime d'assurance élevée, et on ne peut la payer. — L'assurance est devenue imposible.

∴

A côté de l'homme imprévoyant qui ne veut pas, ou qui ne peut plus profiter des bienfaits de l'assurance, se trouve l'esprit fort.

Celui-ci, il est vrai, raisonne ; mais il raisonne à sa manière. Il procède par négation, méthode fort commode qui dispense de penser.

Il nie donc tout, comme on niait autrefois l'existence de Dieu, pour se donner l'air d'être quelque chose, moins que rien, un athée.

Et pourtant ces esprits forts veulent paraître avoir du goût pour les choses sérieuses.

Ainsi, dans leurs moments de belle humeur, ils ne dédaignent pas de s'entretenir de l'extinction du paupérisme, de la cherté des subsistances, de l'élévation des salaires, de la liberté, que savons-nous encore?...

* * *

Mais quand une idée nouvelle comme l'assurance sur la vie se fait jour, l'esprit fort la condamne.

Elle a beau s'imposer à tous par son utilité incontestable ;

Elle a beau mériter une place d'honneur parmi les questions sociales, par son côté éminemment pratique, l'esprit fort la repousse.

A ces dénégations, opposerez-vous les résultats obtenus? C'est en vain.

Lui direz-vous que les contrats acceptés par les Compagnies s'élèvent à plus d'un milliard de francs ? — Que ces capitaux énormes, dont il était loin de soupçonner l'existence, supposent un très grand nombre d'assurés, tous gens sains d'esprit et de corps, conditions essentielles sans lesquelles ils n'auraient pas été admis ?

Ajouterez-vous que, parmi ces assurés, il y a des hommes instruits, éclairés, prudents, occupant de hautes positions, parfaitement à même, dès lors, de juger du mérite de l'assurance, et qui, certes, se seraient bien gardés d'y recourir pour procurer une augmentation de capital à leurs familles, si, après sérieux examen, la plus légère incertitude était restée dans leur esprit ?

Qu'importe ! Quoi que vous puissiez dire, vous ne convaincrez pas l'esprit fort. — Il nie tout, même les faits acquis.

N'est-il pas vrai que les hommes de cette trempe sont toujours les mêmes, dans tous les temps, dans tous les lieux ?

Les uns, comme nous le disions tout à l'heure, ont nié Dieu, tout en se tenant en contemplation devant ses œuvres.

Les autres, ceux qui nous occupent, nient l'assurance malgré les services qu'elle rend tous les jours, — en sauvant des milliers de familles de la ruine complète, — en faisant naître l'aisance là où il n'y avait que la gène — ou bien encore en augmentant dans des proportions sérieuses le capital déjà créé.

∴

Que faire en pareil cas? — Si les esprits forts sont seuls, laissons-les se complaire dans leur ignorance. Elle fait leur bonheur; n'y touchons pas.

Si, au contraire, ils ont charge de famille, il faut les blâmer tout d'abord, parce qu'ils enfreignent cette loi sociale qui impose au père l'obligation de s'occuper du bien-être des siens. Plaignons-les ensuite, car ils se préparent des regrets bien cuisants.

Mais plaignons surtout leurs malheureuses femmes et leurs enfants, plus malheureux encore, qu'ils s'exposent peut-être à laisser, à leur mort, dans un état voisin de l'indigence et auxquels, par l'assurance, ils auraient pu constituer un patrimoine.

* *
*

N'avez-vous jamais assisté aux derniers moments d'un homme qui s'éteint, ayant la conscience de tout ce qui se passe autour de lui ?

Il nous a été donné d'être le témoin de cette suprême lutte de la vie contre la mort. Quelle agonie !

Penchez-vous vers ce malheureux. Prêtez l'oreille. Devinez sa pensée. Il sent sa femme et ses deux enfants auprès de son lit. Il sait dans quel abîme ils sont plongés. Il lit dans son cœur comme dans un livre ouvert. Il compte un à un tous les jours qu'il a perdus. Ses dépenses folles, parce qu'elles n'étaient pas faites toutes dans l'intérêt de la famille, lui apparaissent dans leurs moindres détails.

Enfin, il voit à sa dernière heure le gaspillage qu'il a fait de sa vie.

Ah ! si Dieu voulait lui accorder quelques années encore ! comme il emploierait bien son temps ! quel bon usage il ferait de l'argent gagné ! comme il se préoccuperait surtout du sort de sa femme et de ses enfants, qu'il va quitter, et pour lesquels il n'entrevoit qu'une vie de souffrance.

Les regrets de cet infortuné sont sincères, poignants ; mais, hélas ! ils sont superflus. La mort a mis la main sur lui ; elle revendique ses droits.

Et cette mort que l'assurance aurait rendue douce et aurait pour ainsi dire sanctifiée, en la rendant profitable à sa famille, sera le supplice et le désespoir des derniers moments de cet homme.

Telle a été la fin du malheureux à qui nous avons essayé de donner quelque espérance, quelque consolation.

Ah ! Que l'homme descende un instant en lui-même et se pose loyalement cette question : — Quel serait le sort de ceux qui m'entourent, si je mourais aujourd'hui, demain, prématurément, enfin, comme tant d'autres sont morts et mourront ?

Nous l'affirmons, sans crainte de nous tromper, après avoir interrogé ainsi leur conscience, bien petit serait le nombre de ceux qui pourraient ne pas vouloir contracter une assurance. — Car tous ou presque tous seraient forcés de s'avouer que la mort, en les frappant, plongerait leur famille dans le plus cruel embarras. — Aucun homme de cœur ne peut envisager une semblable position de sang-froid, sans frémir.

Nous soutenons, bien plus, qu'il n'est pas possible d'apprendre le décès de quelqu'un qui nous est connu, sans penser immédiatement au vide affreux qu'il laisse après lui.

Aussi, — de même qu'en présence d'une maison en feu, et en voyant les malheureux qui l'habitent s'efforcer d'arracher quelque chose à l'avidité dévorante des flammes, nous ne pouvons nous empêcher de nous apitoyer sur leur sort, et demander avec anxiété s'ils sont assurés contre l'incendie, — de même, en voyant passer le cercueil d'un homme qu'on porte à sa dernière demeure, nous sommes involontairement portés à nous dire : — Quel malheur pour ses enfants, s'il n'est pas assuré !

Oui, l'assurance, toujours l'assurance, quand il s'agit de combattre ces désastres inexorables qu'on appelle — l'Incendie — la Tempête — la Mort !

* *
*

Nous comprenons que s'assurer ou non pourrait être chose indifférente pour celui qui aurait reçu de Dieu cette consolante parole : — Homme, j'ai consulté le Grand Livre de la Vie. La marge est belle à côté de ton nom. Tu peux aller en avant sans crainte de la Mort. Elle sera loin encore, lorsque tes 90 ans auront sonné.

Un homme ainsi favorisé n'aurait pas besoin, à la rigueur, de contracter une assurance. Et encore, serait-il prudent de lui demander — s'il est sûr que ses affaires seront toujours prospères ; — s'il est sûr, précisément en raison de cette prospérité, qu'il ne se laissera pas entraîner dans des entreprises au-dessus de ses forces ; — s'il est sûr, enfin, qu'il saura faire pendant 40 ou 50 ans, sans se démentir jamais, la réserve nécessaire à ses vieilles années, dans le cas où la fortune lui serait infidèle.

D'ailleurs, rassurons-nous. Il n'y a personne à qui Dieu, maître de nos destinées, ait daigné dévoiler ainsi les secrets de l'avenir.

Il faut donc que l'homme en prenne son parti, et qu'il sache bien que la mort réclame, tous les jours, oui, tous les jours, des hommes de 20 à 30 ans, de 30 à 40 ans, de 40 à 50 ans. — Si encore elle respectait les blonds cheveux de l'enfance, et les cheveux blancs de la vieillesse. Mais non, elle s'en va, frappant sans cesse et partout, sourde à toutes les prières, et faisant son ample moisson quotidienne à travers tous les rangs et tous les âges de la grande famille humaine.

Avouons donc une fois pour toutes que nous sommes bien aveugles, bien imprudents, lorsque, n'ayant qu'un moyen — l'Assurance — pour nous opposer aux ravages de cette éternelle ennemie du genre humain, nous négligeons de nous en servir.

CHAPITRE III

La participation — La prime amortie — L'assuré devenu rentier — Le capital assuré peut être triplé sans augmentation de prime — Le placement hypothécaire et l'Assurance.

L'égoïsme est rebelle, lui, aussi, à toute idée de prévoyance qui ne lui est pas profitable, surtout quand l'ignorance vient à son aide, ce qui est assez fréquent : — Égoïsme, et ignorance vont bien ensemble.

Il est donc important d'éclairer l'égoïsme, de dissiper son ignorance et de donner satisfaction à son intérêt personnel ; — c'est ce que nous ferons en relevant ici une double erreur qui entraîne parfois les meilleures intentions dans une fausse voie.

On croit généralement que, s'assurer pour constituer un capital déterminé à ses héritiers, c'est prendre l'engagement de payer — sans profit pour soi-même et pendant toute sa vie — une prime convenue.

Cette supposition admise, l'assurance n'a pas lieu, parce que, en la faisant on aurait voulu, du moins, retirer quelque avantage des primes qu'on se sentait disposé à payer, et dont on croit ne jamais rien revoir.

Là est l'erreur profonde. Rien de semblable n'existe. Qu'on se rassure donc : tous les intérêts sont mis d'accord, ainsi qu'on va le voir.

* *
*

Dès que la police d'assurance est signée, le contractant entre en possession immédiate du droit de participer dans les bénéfices de la compagnie ; ce qui revient à dire que les primes qu'il verse lui rapportent un dividende sérieux.

Or, tel est le triple résultat de cette participation.

L'assuré peut recevoir sa part de bénéfices à chaque répartition qui lui en est faite ; alors il jouit lui-même tout d'abord des dividendes afférents à ses primes, en attendant que sa femme, ses enfants ou ses héritiers reçoivent à leur tour le capital garanti.

Si, au contraire, il lui plaît de renoncer

pendant quelque temps à cette participation, il a la satisfaction de voir le montant de chaque prime aller toujours en décroissant, jusqu'à son entière extinction, au bout d'un certain nombre d'années.

A partir de ce moment, quand tous les versements sont faits, et, par suite, quand la police est libérée, il se produit dans la position du contractant un changement notable.

D'assuré qu'il était, il passe à l'état de rentier. — N'ayant plus rien à payer, il reçoit.

Il jouit ainsi, paisiblement et jusqu'à la fin de ses jours, du fruit de ses épargnes capitalisées, avec l'espoir fondé de voir ses dividendes s'accroître d'année en année; — mais heureux surtout d'avoir pourvu au bien-être de ses enfants, tout en se ménageant des ressources, ou un surcroît de revenus pour ses vieux ans.

* *
*

C'est là sans contredit l'un des résultats les plus saisissants de la participation aux bénéfices. On peut dire qu'elle ouvre, au point de vue financier, une ère nouvelle à l'assurance.

Si nous examinons, en effet, un placement dans les conditions ordinaires, qu'y trouvons nous? Sans doute, nous en retirons un intérêt; — mais toujours, éternellement toujours, nous avons et le même intérêt et le même capital.

Ici, au contraire, telle est la puissance de l'association fécondée par l'assurance, — que les dividendes produits par les primes versées vont toujours en augmentant.

Et quant au capital, ce n'est pas celui

qu'auront formé les primes annuelles qui reviendra aux héritiers, mais bien celui désigné dans le contrat. De telle sorte que, si le décès de l'assuré a lieu seulement quelques années après l'assurance, le capital payé par la Compagnie sera énorme relativement au versement effectué.

Une comparaison rendra notre démonstration plus sensible.

Deux hommes font tous les ans un versement de mille francs, qu'ils emploient chacun selon son inspiration.

L'un préfère le placement hypothécaire.

L'autre l'Assurance.

Le premier a versé cinq fois mille francs et il meurt, quoique âgé seulement de trente ans, la mort s'inquiétant fort peu de l'âge de ses victimes.

Le second a payé cinq primes de mille francs, et il meurt aussi — ayant le même âge et ayant versé la même somme.

Dans le premier cas, la famille, après avoir touché les intérêts, trouve cinq mille francs.

Dans le second cas, après avoir reçu ses dividendes, la famille trouve quarante mille francs en nombre rond.

Qu'en pensez-vous ? — Entre ces deux manières de procéder l'hésitation est-elle possible ?

* *

Nous avons annoncé un troisième résultat de la participation aux bénéfices accordés par les Compagnies. Il ne peut être passé sous silence ; car il seconde trop bien la prévoyance du père de famille qui, s'assurant au profit de ses enfants, doit avoir à cœur de leur laisser le capital le plus considérable possible, sans avoir davantage à payer pour cela.

Nous avons fait remarquer qu'il arrivait un moment, dans le cours de l'Assurance, où, les primes étant amorties, il n'y avait plus, pour le contractant, que les dividendes produits par elles à recevoir.

Eh bien ! Que le père de famille renonce à ces dividendes dans la pensée d'augmenter le capital assuré, et il verra ce capital doubler et tripler peut-être, selon qu'il vivra plus ou moins longtemps.

Des exemples de cette augmentation du capital ne manquent pas. — Plus d'un assuré est certain déjà, à l'heure qu'il est, d'après les comptes qu'il a reçus de la Compagnie à laquelle il appartient, que ses héritiers recevraient deux fois plus déjà qu'il ne l'avait espéré, s'il venait à mourir, à l'instant même.

Ainsi se trouve réfutée aussi cette autre erreur qui consiste à croire qu'une assurance aboutit à un résultat négatif, lorsque le contractant vit de longues années.

Il reste donc bien établi :

1° Que, par la participation aux bénéfices de la Compagnie, l'assuré retire des primes qu'il paye un dividende dont il profite lui-même sa vie durant.

2° Que les primes à verser sont amorties dans un certain nombre d'années.

3° Que par l'abandon de la participation aux bénéfices, le capital assuré peut acquérir une valeur deux et trois fois supérieure à la valeur primitive.

CHAPITRE IV

Travers d'esprit d'un homme qui a peur qu'on ne se réjouisse de sa mort — Jugement du monde sur cet homme.

D'autres fois nous avons entendu des hommes dire : Je ne m'assure pas parce que je ne veux pas que le jour de mon décès soit un jour d'allégresse pour ma femme. Et cela arriverait si, ce jour-là, par le fait d'une assurance contractée par moi, elle recevait une somme d'une certaine importance.

Tout d'abord, espérons qu'un pareil langage, dans la bouche de ces hommes, n'est qu'une facétie de leur esprit, et non une pensée de leur cœur.

Mais d'un autre côté, pour l'homme qui meurt, ce n'est pas la joie de la famille qui est à redouter, en admettant qu'on se réjouisse jamais de la mort de quelqu'un qui nous est cher et qui nous comble de bien. Il doit redouter surtout sa malédiction.

Cette dernière considération même est navrante; car si elle n'est pas absolument fondée, elle n'est pas chimérique dans tous les cas, comme la crainte de voir changer en jour de joie le jour de notre mort.

Pour nous en convaincre, allons au milieu de cette famille frappée par le malheur. — Les compliments de condoléance adressés à la veuve inconsolable, aux enfants en pleurs, restés sans ressources par la mort de leur père, sont toujous les mêmes.

« Combien vous êtes à plaindre! quelle perte pour vous, pour ces chers innocents surtout! qu'allez-vous entreprendre? que vont-ils devenir? mais votre pauvre mari faisait convenablement ses affaires. — Comment l'idée ne lui est-elle pas venue de mettre de côté quelques économies ? un bon père de famille doit toujours prévoir que le jour de sa mort sera un malheur pour ceux qu'il aime. »

Ainsi parlent les parents et les amis qui, par pudeur, ont bien voulu ne pas se tenir à l'écart dans cette extrémité.

*
* *

Cependant, croyez-le bien, les parents et les amis seront bientôt loin. — Les malheureux sont importuns, on les fuit. — Seulement, avant de les abandonner, on veut les mettre dans l'impossibilite de réclamer la pitié de qui que ce soit.

Aussi, le langage des uns et des autres est bien changé. Personne ne se gêne plus.

Maintenant on accuse clairement votre père, votre époux, d'égoïsme, d'imprévoyance. C'était un dépensier, un homme qui pensait à ses plaisirs bien plus qu'à sa famille. S'il la laisse dans le malheur, c'est sa faute.

Là-dessus, on plaint une dernière fois la femme et les petits enfants, puis le vide se fait complétement autour d'eux.

C'est triste, mais c'est ainsi.

Eh bien ! estimez-vous heureux, si ces reproches amers, cruels même dans de pareilles circonstances, ne déposent pas dans le cœur ulcéré de cette femme et de ces enfants en deuil le germe d'un blâme secret contre vous, qui bientôt, peut-être, se changera en accusation, en prenant racine là où il n'aurait dû se trouver que la douleur de la séparation éternelle, que le souvenir de la prévoyante affection.

Et maintenant celui qui a dit ne point vouloir s'assurer, pour ne pas fournir à sa femme l'occasion de se réjouir de sa mort, persiste-t-il toujours dans sa manière de penser ? Il serait difficile de l'admettre.

CHAPITRE V

Rôle important de l'Assurance dans le mariage — L'article 213 du Code Napoléon promet aide et protection à la femme — L'Assurance lui garantit le bien-être — Le droit de la femme à l'Assurance naît de sa qualité d'épouse et de mère — Le contrat d'Assurance converti en dot. — La Jurisprudence favorable au contrat d'Assurance.

Ici se présente une question d'une importance majeure. Elle découle naturellement des considérations qui précèdent.

L'homme qui s'engage dans les liens du mariage peut-il s'affranchir du devoir de contracter une assurance sur sa tête au profit de sa femme et de ses enfants à venir ?

La loi, il est vrai, ne lui en fait pas une

obligation. Elle a bien dit : Vous devez aide et protection à votre femme ; mais elle n'a pas ajouté : Vous lui devez une assurance. — Il y a là une lacune. Elle devait exister : la loi n'a sans doute pas le pouvoir de forcer l'homme à être prévoyant malgré lui. — C'est regretable.

Mais si la loi est muette sur ce point, et doit probablement toujours rester muette, le père de famille a le droit, lui, de parler pour elle. — Et il est à souhaiter, dans l'intérêt de ses enfants, qu'il use largement de ce droit.

Autant, en effet, les mots aide et protection sont, dans la pratique, des mots sans signification et impuissants à sauver la femme de la ruine, — autant l'assurance peut l'en préserver.

En se mariant, une jeune fille a apporté une dot. — Cette dot est sa seule ressource. Elle sera la dernière ressource aussi de ses enfants, en cas de malheur.

Si elle est engloutie dans les entreprises

du mari, décédé avant d'avoir pu les mener à bonne fin, avant d'avoir converti en bénéfices les sacrifices d'argent qu'il s'était imposés, la loi a beau dire : — « Vous devez aide et protection », — le mari n'existant plus, que deviendra la femme, que deviendront les enfants ?

La question est grave, nous le répétons. Elle mérite d'être examinée attentivement, d'autant plus qu'elle n'intéresse pas seulement la femme et ses enfants, mais encore le père de cette femme.

* *
*

Dans notre siècle on est positif, et principalement dans les questions d'argent. On l'a toujours été, c'est possible ; mais peut-être l'est-on davantage aujourd'hui. Aussi quand il s'agit de mariage est-on porté à apprécier fort légèrement les qualités d'une jeune fille. On trouve généralement qu'elles pèsent beaucoup moins dans la balance que les écus.

En raison de cette fâcheuse tendance, le père de cette fille n'est-il pas autorisé à se montrer plus exigeant à l'égard de son gendre, et à lui tenir ce langage : « Je vous ai donné mon enfant et une dot, sans regret : j'ai confiance en vous. Mais vous pouvez mourir prématurément. Dans ce cas, le temps vous aura manqué pour asseoir une certaine aisance au foyer de votre nouvelle famille. Il faut donc qu'à défaut de fortune, la dot de votre femme, du moins, reste intacte, quoi qu'il puisse survenir. Je suis vieux, j'ai besoin de repos. Or, ce repos je le perdrais à tout jamais, si, un jour, votre femme et vos enfants tombaient à ma charge.

« Je vous demande donc, mon ami, une garantie, c'est-à-dire une assurance, qui, à votre mort, garantisse le payement d'une somme égale à la dot que vous avez reçue, et dont je ne veux pas vous interdire de faire usage, si vos affaires l'exigent.

« Voyons! si un négociant négligeait d'assurer un navire qui porterait toute sa fortune, et qui aurait à traverser l'Océan, que diriez-vous? Évidemment, vous l'accuseriez d'imprudence et de folie.

« Eh bien! vous êtes le navire qui porte la fortune de votre maison. Votre intelligence, votre activité sont vos marchandises. Et la mer sur laquelle vous naviguez, mer féconde en naufrages, c'est la vie, assaillie par les revers imprévus, par la mort.

« Oh! je sais ce que vous valez et je connais votre énergie; mais ne vous faites pas d'illusions. D'aussi vaillants que vous ont sombré, et qui pourtant marchaient d'un pas bien résolu. — Et puis, la mort n'est-elle pas toujours là, quelque part, qui nous guette? — Ne l'oublions pas.

« Il faut donc prévoir ces deux malheurs planant sans cesse et sans pitié sur la tête des hommes, non pour les conjurer d'une façon absolue, ce qui n'est pas possible, mais pour empêcher que leurs conséquences ne soient désastreuses. Pour cela, vous avez l'assurance ; vous ne pouvez me la refuser. »

* *
*

Cette demande d'un père qui marie sa fille est équitable, et son gendre n'a nullement à s'en offenser. — Ce n'est pas sa moralité qui est suspectée, car, s'il en était ainsi, le mariage n'aurait pas lieu. — C'est sa mort qui est redoutée, une mort inattendue venant le surprendre dans sa jeunesse, dans la force de son travail, et qui pèserait lourdement sur l'existence de sa femme et de ses enfants.

Au surplus, si au début de la vie sérieuse que crée le mariage, un étranger prêtait à ce jeune homme un capital quelconque, nécessaire à ses projets, ne lui demanderait-il pas une garantie? Et lui-même ne se serait-il pas empressé de la lui offrir spontanément, loyalement?

Pourquoi donc ne mettrait-il pas le même empressement à satisfaire son beau-père, ou plutôt sa femme ?

Oui, nous le répétons, pour l'homme qui se marie, l'assurance est obligatoire.

En la contractant, il remplit envers sa femme un devoir impérieux qui doit lui être inspiré d'ailleurs par son affection.

Il témoigne en même temps de ses intentions droites envers sa nouvelle famille, à laquelle il doit compte du double dépôt qui lui a été confié : — De la fille qu'elle lui a donnée pour compagne, et dont il doit assurer le bien-être; — De la dot dont il doit garantir l'intégralité

Nous n'avons pas exprimé complétement encore notre pensée sur le grave sujet qui nous occupe; nous tenons à la dire tout entière.

Quand nous revendiquons, pour la femme qui possède une dot, le droit à l'assurance du mari, nous l'affirmons aussi, et à plus forte raison peut-être, pour la femme qui n'en possède aucune.

Selon nous, ce n'est pas la dot qui donne naissance à ce droit ; — c'est le mariage lui-même, parce qu'il impose à l'homme des obligations rigoureuses envers sa femme. — C'est la qualité d'épouse, parce qu'elle implique celle de mère.

L'homme ne peut s'attribuer la liberté d'aller dans une famille et d'y choisir celle dont il veut faire sa compagne, sans qu'il en résulte pour lui d'autre devoir que celui d'avoir l'intention de rendre heureuse la femme de son choix.

Il ne saurait en être ainsi. L'intention ne suffit pas, et l'homme n'a nullement le droit de créer gratuitement à sa femme, par les enfants qu'il peut lui laisser, des charges énormes qu'il n'aurait pas à partager, s'il venait à décéder, et sous le poids desquelles celle-ci devrait nécessairement succomber.

Sous peine de mourir insolvable envers sa femme et ses enfants, — ce qui est la pire des insolvabilités, — l'homme doit donc prévoir ces charges et prendre des dispositions pour qu'il y soit pourvu, même quand il ne sera plus.

Pour atteindre ce but, il n'y a qu'un moyen certain, infaillible : — c'est l'Assurance. — Il n'en existe pas d'autre, à moins d'avoir déjà une position faite qui permette de mettre la famille à l'abri de tout revers.

* *
*

Mais qui réclamera ce droit, si ce n'est le père de famille ? Car, certes ce n'est pas la femme. Elle n'y pense même pas. Elle vient de se marier, elle est jeune et la jeunesse est confiante : elle a foi dans l'avenir.

Aujourd'hui d'ailleurs elle se sent tellement forte qu'elle brave le malheur. S'il la frappe, elle travaillera ; et comme elle est courageuse, elle saura se suffire.

Si elle est seule, peut-être bien y parviendra-t-elle. Cependant, hélas ! nous n'osons l'affirmer. — D'autres le nieraient hardiment.

Mais si elle a deux ou trois enfants ?... Ah ! ici le doute n'est plus possible, et on n'ose dire à la jeune femme, à la jeune mère le sort qui lui est réservé, lorsqu'elle est sans appui, sans ressources ! — La science nous l'apprend. Ses statistiques sont navrantes ! Elles constatent autant de honte que de misère ! — Puisse l'honnête femme l'ignorer toujours !

Non, l'illusion n'est pas permise — une femme ne peut pas lutter seule contre l'infortune. Si elle en doute, qu'elle consulte son père, sa mère, ceux enfin dont l'expérience lui tiendra lieu de celle qu'elle n'a pas encore. Elle saura ainsi quelle chose grave est le mariage, et combien est lourde la responsabilité que les enfants font peser sur elle !

Ce n'est que par l'assurance de son mari que cette responsabilité pourra être allégée un peu. — Là, est la vérité. — Là, est le refuge au moment de l'adversité.

Là, aussi, sera le refuge du père de famille lui-même, contre l'abattement moral qui doit s'emparer parfois de lui lorsque, pensant à l'avenir des siens, il le voit triste et menaçant. Il fera donc valoir le droit de sa fille à l'assurance de celui à qui il aura accordé sa main.

∴

D'ailleurs, est-ce que le beau-père impose un sacrifice à son gendre en lui demandant une assurance en faveur de sa fille ? Est-ce que cette assurance constitue purement et simplement un acte d'abnégation de la part de celui-ci ? Non ; car, ainsi que nous l'avons déjà dit, cette assurance tourne aussi à l'avantage du contractant, puisqu'il peut jouir des dividendes qu'elle rapporte.

En outre, le gendre d'aujourd'hui sera le beau-père de demain, et à son tour, avec l'autorité de l'exemple, il pourra imposer à celui qu'il aura jugé digne d'entrer dans sa famille, l'obligation de faire, lui aussi, une assurance.

Il fera plus : le contrat d'assurance consenti par lui, le premier, pour garantir la dot de sa femme, si elle en a apporté une, il sera libre de le donner en garantie de la dot de sa propre fille, ou pour en tenir lieu.

Car, depuis le jour où il s'est assuré, jusqu'au moment où, devenu père, il pense lui-même au mariage de ses enfants, il s'est écoulé vingt ans environ.

Or, d'après les documents recueillis, on a établi qu'il fallait, à deux ou trois ans près, une semblable période pour l'amortissement des primes à payer. A partir de ce moment, le contrat d'assurance étant libéré, le capital que ce contrat avait pour objet de garantir se trouve constitué, sans qu'il soit besoin de verser d'autres primes.

C'est ce capital qui servira de base à la dot de la fille à marier, soit qu'il représente exactement le montant de cette dot, soit qu'il forme seulement un appoint.

Il s'agit de savoir seulement si le capital garanti par une police libérée de tout payement ultérieur est un capital sérieux.

* *
*

Pourquoi dit-on qu'un homme est dans une position prospère, et que ses enfants auront un jour un beau patrimoine ? Parce que cet homme possède déjà ce patrimoine, ou parce qu'il est à même de l'acquérir, et qu'il laissera à sa mort tout ce qui formera son avoir.

Eh bien ! Quelle différence y a-t-il entre un immeuble, ou une propriété foncière de cent mille francs, et une police d'assurance de même valeur? — Absolument aucune. — Comme apparence, comme expression matérielle de fortune, la position est la même : — cent mille francs valent cent mille francs.

Cependant, si on veut y regarder de près, on découvre que les cent mille francs d'assurance valent mieux, pour plusieurs raisons, que les cent mille francs représentés par des maisons, des usines, des fermes, etc., etc.

Et, en effet, les cent mille francs provenant d'une police seront payés intégralement à l'ayant droit, à l'époque convenue. Ici — pas de retenue — pas de dépréciations de valeur — pas de droit de succession — rien, enfin, qui vienne amoindrir le capital assuré.

Il n'en est pas de même des autres cent mille francs. — La maison qui valait cette somme, il y a vingt ans, a perdu de son prix, parce qu'elle s'est détériorée en vieillissant, et elle peut en perdre encore davantage sous l'influence de certains événements. —

De plus, elle est frappée, comme tout immeuble, d'un droit de succession.

*
* *

Un autre avantage est inhérent au contrat d'assurance. — La jurisprudence semble reconnaître que ce contrat est insaisissable. — C'est dans ce sens qu'ont été rendus les arrêts des cours de Lyon, de Colmar, etc., etc., sur cette matière.

Il en résulte que, quelle que soit la position de l'assuré à son décès, fût-elle des plus grevées, nul n'a rien à prétendre sur la somme transmise par l'assurance.

Mais une maison, une propriété, une industrie sont là pour répondre des revers de fortune qu'un homme, réputé dans une position prospère, il y a vingt ans, a pu essuyer dans cet intervalle de temps.

Un contrat d'assurance est donc bien un contrat sérieux à tous les points de vue. Et l'homme à qui on l'a demandé en faveur de sa femme, il y a vingt ans, quand il s'est marié, peut le donner à son gendre, quand, à son tour, il marie sa fille.

Ce contrat représentant une valeur réelle, positive, peut être offert de bonne foi, et accepté sans danger, comme il a été loyalement demandé.

De plus, comme en toutes choses, il faut que les garanties soient réciproques, un gendre peut dire à son beau père : — « Vous m'avez promis une dot, mais vous ne me l'avez pas donnée » — ou bien — « Vous m'avez donné une dot, mais vous m'avez promis en outre des espérances. Je sais qu'elles sont fondées en ce moment, mais plus tard?... on ne sait pas ce qui peut arriver. »

Eh bien ! ce même contrat d'assurance passé quinze ou vingt ans auparavant, trouvera ici son application.

Le beau-père dira : « La garantie que vous me demandez avec raison, je vous la donne complète dans le contrat que je vous remets. Il n'y a plus rien à payer. Vous avez, au contraire, des dividendes à recevoir. Lorsque ces dividendes ne s'élèveront pas au taux de 5 0/0, il est convenu que je vous payerai la différence ; elle sera minime. — Puis, à ma mort, vous entrerez en possession du capital lui-même, comme vous l'auriez fait de la maison que j'habite, s'il m'avait plu de la donner en dot à ma fille. »

C'est ainsi que tout se tient, tout s'enchaîne dans l'assurance, parce que tout y est prévu, logique, certain. — Par elle, le présent se trouve étroitement uni à l'avenir, et il s'établit une solidarité tutélaire entre ce qui est et ce qui n'est pas encore.

CHAPITRE VI

Dans l'intérêt de la femme, si l'Assurance n'existait pas, il faudrait l'inventer. — Certaines conditions d'infériorité de la femme par rapport à l'homme — La femme élevée au niveau de l'homme par l'Assurance — L'Assurance, sauvegarde de la dignité du foyer.

Mais tandis que nous plaidons avec une foi sincère la cause de la femme, tandis que nous sollicitons l'assurance à son profit, la femme la repousse.

Cette résistance a lieu d'étonner. Car si l'assurance n'existait pas, il faudrait l'inventer tout exprès pour la femme.

A proprement parler, en effet, n'est-ce pas la femme qui, sans cesse, est le plus menacée dans son bien-être ? N'est-ce pas à elle que l'assurance est surtout avantageuse ?

Si elle meurt, l'homme est là pour soutenir et pour protéger la famille.

Que l'homme meure, et la femme sera presque toujours impuissante à préserver elle et ses enfants des horreurs de la misère, ou à créer la position de fortune poursuivie par le mari, et rêvée par elle-même.

* * *

On a souvent parlé de la condition d'infériorité dans laquelle se trouvaient les femmes dans la vie sociale, par rapport à l'homme.

Recherchons la cause de cette infériorité.

Voyons ce qui fait principalement peser la domination de celui-ci sur la femme.

N'est-ce pas le besoin qu'elle a de lui? N'est-ce pas parce que son existence dépend trop directement, en général, de celle de l'homme ?

En un mot, n'est-ce pas parce que les femmes ont rarement des ressources qui leur soient propres?

Voyez-le ! — La femme d'un avocat, d'un médecin, d'un artiste, d'un écrivain, d'un fonctionnaire public d'un ordre élevé, vit dans l'abondance, dans le luxe même. Mais dans beaucoup de cas, cette abondance, ce luxe, sont le résultat du talent du mari, et ne proviennent pas de la fortune personnelle de l'un ou de l'autre.

Or, supprimez la tête sur laquelle tout cela repose et la femme se trouvera bien souvent aux prises avec des privations poignantes, d'autant plus difficiles à supporter qu'elle n'y était pas habituée, qu'elle n'y était pas préparée.

*
* *

Dans le commerce même, là, où la femme, partageant la direction des affaires avec son mari, semble devoir être mieux à l'abri des coups du sort, si l'homme meurt, elle sera encore atteinte plus ou moins dans son bien-être, quelquefois même dans ses moyens d'existence.

Elle surveillait la maison de commerce à l'intérieur ; mais l'impulsion donnée au dehors n'existe plus. Les affaires en souffrent. Une liquidation est nécessaire. Comme toujours elle se fait dans des conditions désastreuses.

Et la femme du commerçant, la mère de famille qui voyait grandir dans chacun de ses enfants des auxiliaires utiles devant aider à la prospérité commune, est en proie, elle aussi, aux dures nécessités de la vie.

* *
*

N'y a-t-il pas quelque chose de choquant, disons plus, de souverainement injuste, dans cette pénible position faite à la femme par le seul fait de la mort de son mari ?

Eh bien ! l'assurance peut, à ce point de vue, élever la femme au niveau de l'homme, en lui créant une aisance indépendante. Et cette aisance ne serait pas arbitraire. Elle serait juste et équitable, en ce sens qu'elle représenterait le capital apporté par elle dans la communauté, capital qui se traduit par son dévouement affectueux autant qu'intelligent, et par ses soins de tous les instants, prodigués à la famille.

* *
*

La femme est douée d'un esprit pénétrant. Elle possède à un très-haut degré le sentiment de son intérêt, de son bien-être et surtout du besoin qu'elle a de paraître dans le monde.

Si elle repousse l'assurance qui lui garantirait tout cela, par la seule raison, dit-elle, qu'il lui répugnerait de profiter d'un avantage qui serait le résultat de la mort de son mari, elle est dans l'erreur la plus complète.

Un héritage n'est-il pas toujours la conséquence d'une mort? Or, refusons-nous la fortune que nous laisse un père, une mère, un frère, un oncle, parce que nous ne pouvons la posséder qu'à la condition qu'ils ne seront plus?

Et pour nous laisser cette succession, qu'ont-ils fait? Ils ont converti leurs économies en maisons, en valeurs industrielles, en propriétés rurales, en entreprises quelconques.

Que fait le mari d'une femme qui ne voudrait pas profiter des avantages de sa mort, quand il s'assure? — Le voyez-vous agir différemment? non. Il fait valoir, lui aussi, ses économies. — Seulement, au lieu de rechercher des placements dont le produit est médiocre, et qui peuvent mal tourner, il a mieux aimé contracter une assurance dont le résultat, déterminé d'avance, est toujours certain, infaillible.

* *
*

Non — et il faut insister là-dessus — les femmes qui disent ne pas vouloir l'assurance parce qu'elle leur semble une sorte de spéculation sur la vie de leur mari, ne se rendent pas sincèrement compte de leurs pensées.

Qu'elles lisent très-attentivement dans leur cœur, elles découvriront que leur répugnance naît le plus souvent de la crainte de se trouver dans la gêne, par suite du payement annuel de la prime d'assurance. Alors, elles prévoient qu'il en résultera des difficultés intérieures pour leur entretien et pour celui des enfants.

Là est la question, pour un grand nombre de cas.

Nous engageons la femme, la mère de famille, à l'examiner avec soin, en tâchant de mettre d'accord les intérêts, ou plutôt les convenances du présent, avec les intérêts de l'avenir, qui sont bien autrement sérieux.

* *
*

Sans doute c'est une satisfaction pour nous de paraître convenablement dans le monde. Mais il faut que ce soit dans une certaine mesure.

Il faut surtout que ce ne soit jamais au détriment de nos enfants.

Car, n'oublions pas que le moment viendra de les établir, ces enfants. Et si, alors, la mère de famille, ayant perdu son mari, éprouve de l'embarras; si, pour elle-même, elle entrevoit une vieillesse peu fortuné, qui se souviendra de ce qu'elle aura été quinze ou vingt ans auparavant ? Personne. Ou si l'on s'en souvient, ce sera pour la blâmer d'avoir voulu s'élever au-dessus des conditions de sa position.

Il y a plus : rappelons-nous bien que ceux qui nous blâmeront seront en même temps les premiers à se réjouir presque de nous voir privés des ressources que nous aurons négligé de nous ménager, en nous servant des économies détournées de l'assurance, pour satisfaire des dépenses qui n'étaient peut-être pas justifiées par la nécessité.

Que ceux qui nous lisent veuillent bien peser ces réflexions, et ils reconnaîtront, comme nous, que souvent, trop souvent, nous sacrifions l'avenir d'une famille, presque à notre insu, par respect humain, et pour la vaine satisfaction de sauver, comme on dit, les apparences. — C'est une faiblesse dont nous aurons bientôt à nous repentir; mais le sacrifice sera consommé. — Et le monde, soyons-en persuadés, ne nous tiendra aucun compte de ce que nous aurons fait pour lui plaire. — Il est impitoyable.

* *
*

A quoi bon insister? — L'utilité ou plutôt — la nécessité de l'assurance, — pour la femme principalement, — est d'une évidence éclatante. Elle importe à la sécurité de son bien-être.

Nous affirmons plus encore, et nous appelons toute l'attention des femmes sur ce point capital, — nous affirmons que le bonheur autant que la dignité du foyer domestique trouveront une garantie dans l'assurance.

En effet, le souvenir, l'obligation de la prime à payer détournera dans bien des circonstances le père de famille de certaines dépenses insensées, pour ne pas dire coupables, qui trop souvent viennent attrister l'épouse et les enfants.

Ainsi, dans leur propre intérêt, mais surtout dans l'intérêt de leurs enfants, non-seulement les femmes ne doivent pas rejeter l'assurance; mais encore elles doivent, comme beaucoup d'entre elles le font, amener leurs maris à s'assurer, lorsque malheureusement ils n'y sont pas déterminés.

CHAPITRE VII

Histoire d'un jeune peintre — Sa mort malheureuse. — L'Assurance qu'il avait contractée malgré sa femme sauve la famille désolée.

Qu'il nous soit permis de donner place ici à un fait qui s'est passé de nos jours.

Il y a quelques années, un jeune artiste de mérite, chargé d'une partie des travaux de peinture à exécuter dans l'une de nos plus élégantes églises de Paris, fut sollicité pour faire une assurance.

Le moment paraissait bien choisi, car il gagnait beaucoup d'argent.

De plus, il n'était pas seul. Il avait une jeune femme et une petite fille âgée de quatre ans seulement. Et l'on connaissait son affection vive pour ces êtres si chers.

* *
*

L'artiste ne doutait ni de son talent, ni de son ardent amour pour le travail.

Mais il était moins sûr de son existence. Il n'en était pas le maître, et il ne pouvait savoir quel serait le nombre de jours qu'il plairait à la Providence de lui accorder.

Cette incertitude était trop intimement unie à l'avenir de sa famille pour qu'il n'en fût pas très-inquiet.

Il était donc décidé à faire cet acte de sage

prévoyance, en contractant une assurance sur sa tête. Sa femme s'y opposa, se révoltant à cette pensée que la mort de son mari, qu'elle aimait tendrement, pourrait lui être profitable.

Il ne fut plus question d'assurance dans l'intérieur du jeune ménage.

Mais notre artiste, effrayé du dénûment dans lequel il laisserait sa femme et sa fille, si la mort venait à le surprendre, ne renonça pas à son projet. Il s'en ouvrit au maître qui l'avait fait ce qu'il était, et qui l'aimait comme son fils.

Celui-ci encouragea son ancien élève dans l'accomplissement de ce devoir. Il fit plus : il sollicita la faveur d'y participer, en souvenir de la satisfaction qu'il lui avait toujours donnée, pendant les dix années passées dans son atelier.

L'assurance fut réalisée. Le jeune peintre avait trente et un ans. Moyennant une prime annuelle viagère de 1,280 francs, la compagnie à laquelle il s'était adressé s'engagea à payer la somme de 50,000 francs à ses héritiers, aussitôt après son décès, qu'elle qu'en fût l'époque.

* *
*

Trois ans s'étaient écoulés. Les primes avaient toujours été régulièrement payées. L'artiste travaillait avec d'autant plus d'ardeur qu'il pensait à sa femme et à sa fille.

Il se disait parfois que, si son pinceau avait une certaine valeur, il valait lui aussi personnellement quelque chose, maintenant qu'il représentait un capital de 50,000 francs.

Il était donc fier et heureux d'avoir assuré à sa femme, malgré elle, des moyens d'existence.

Mais dans cette église, où il mettait la dernière main à l'une des grandes et belles peintures murales qui la décorent, et que nous avons souvent admirées, un jour néfaste l'attendait, — un de ces jours qui se lèvent sur la tête de certains hommes, et qui semblent avoir hâte de les conduire par le plus court chemin à la catastrophe qui doit les anéantir.

L'artiste achevait, avons-nous dit, le travail commencé. Tout entier à son œuvre, il ne s'était pas aperçu que l'échafaudage sur lequel il allait et venait était mal assujetti.

Tout à coup un craquement se fit entendre, et le malheureux fut précipité sur la dalle froide du temple de Dieu.

On s'empressa autour de lui, mais il avait cessé de vivre, en prononçant le nom de sa femme, de sa fille, qu'il ne verrait plus, et du maître vénéré qui lui avait servi de père.

**
*

Comment décrire les scènes de désespoir qui se passèrent dans la maison de l'infortuné jeune homme? ces choses-là ne se racontent pas. On ne peut que les sentir.

Cependant, au milieu de ce tableau déchirant, une vieille femme paraissait comme insensible. Pas une larme ne coulait de ses yeux. Le peintre était son gendre. Elle l'aimait certainement; mais ses entrailles de mère lui avaient dévoilé tout d'abord, dans ce grand malheur, une infortune plus grande encore, puisqu'elle atteignait sa fille.

La vieille femme voyait cette malheureuse, folle de douleur, plongée, elle et son enfant, dans un abîme de misère. C'est pourquoi elle restait là, immobile, muette, accablée sous le poids de cette pensée désespérante qu'elle craignait de laisser entrevoir à sa fille.

Mais celle-ci, en levant les regards vers le ciel pour implorer son secours, rencontra la figure de sa mère.

Elle comprit tout. Elle devina l'amertume de cette douleur silencieuse.

S'arrachant tout à coup du corps inanimé de son mari, elle se précipita vers sa fille et l'entoura de ses deux bras, comme pour la protéger contre un danger imminent.

Pauvre femme ! elle était descendue d'un bond jusqu'au fond de l'abîme creusé sous ses pieds, et elle y voyait non-seulement la misère pour tous dans le présent, mais peut-être aussi la honte pour sa fille dans l'avenir.

* *
*

Un nouveau personnage arriva dans ce milieu désolé : c'était le vieux peintre.

Il connaissait l'affection vraie, tendre qui unissait l'intérieur de la jeune famille. Il savait qu'il n'avait pas de consolation à donner. Mais il avait pensé qu'en venant remettre à la veuve de son malheureux élève le dépôt qu'il lui avait confié, il remplirait le cœur de ces affligés de tant de reconnaissance, qu'il enlèverait à la douleur ce qu'elle avait d'amer, et la rendrait plus résignée à la volonté de Dieu.

« Je comprends votre désespoir, dit-il en entrant et en prenant les mains de la jeune femme, — et je vais peut-être l'augmenter en vous faisant connaître la générosité de mon pauvre ami. Il vous a bien aimés tous pendant sa vie ; il a voulu que son affection survécut à sa dernière heure. »

La vieille femme s'était rapprochée.

« Voici, — continua le vénérable peintre d'une voix étranglée par les sanglots — voici son dernier gage d'affection. Il se préoccupait de votre avenir. Il voulait surtout que sa fille fût bien élevée. Il a donc réalisé, sans vous le dire, cette assurance que vous aviez rejetée, dans un sentiment de désintéressement sincère, je le sais, mais irréfléchi. Exécuteur des dernières volontés du père de cette chère enfant, je vous remets les 50,000 francs qui sont le résultat de son contrat d'assurance. »

A ces mots, tandis que la vieille femme, dont le désespoir semblait avoir tari la source des larmes, se prenait à pleurer abondamment, la jeune veuve prit son enfant, la fit mettre à genoux à côté du corps de son pauvre père et resta comme anéantie, humiliée presque, disons-le, devant cette générosité qui avait veillé sur elle avec tant de sollicitude et de persévérance.

Elle ne quitta plus le deuil, pas même le jour du mariage de sa fille qui, quelques années plus tard, fut établie convenablement.

Elle répétait que, puisque son mari l'avait aimée au delà de la tombe, il était bien juste que, de son côté, elle le pleurât jusqu'à son dernier jour.

Demandez maintenant à cette femme si ell s'est réjouie de la mort de son mari.

Demandez-lui si cette assurance qu'elle avait blâmée ne lui a pas rendu, au contraire, la mémoire de son mari plus chère et plus vénérée que jamais.

Demandez-lui, enfin, si, en ce moment, elle n'aurait pas cru commettre une sorte d'impiété envers son mari, une sorte de crime envers sa famille, en refusant le bénéfice d'une assurance qui sauvait son enfant de la misère et qui permettait à sa vieille mère, à elle, de finir en paix les quelques jours qu'elle avait encore à vivre.

Voilà donc ce qui produit l'assurance sur la vie :

Garantie de la dignité et du bon accord du foyer domestique.

Sécurité pour la femme et pour les enfants.

Satisfaction et repos d'esprit pour l'homme qui la contracte.

....

CHAPITRE VIII

Côté pratique de l'Assurance — Exemples : — Dans l'industrie. — Dans la noblesse — Dans la magistrature — L'Assurance s'applique à toutes les positions. — Valeur et effet moral d'une prime d'assurance de 10 francs par mois.

Descendons de ces considérations morales dont la portée sera facilement appréciée par tous, et démontrons le côté pratique de l'assurance sur la vie, en expliquant en peu de mots le mécanisme de ses combinaisons.

Avant tout posons ce principe :

Contracter une assurance sur la vie, et cela ressort de tout ce qui précède, c'est réparer le dommage plus ou moins grand que notre mort peut causer.

Or, pour obtenir cette réparation, de quelle manière convient-il de procéder?

Il faut d'abord se rendre compte du dommage pouvant résulter de notre mort, c'est-à dire évaluer la somme qu'il faudrait pour le réparer.

Il faut ensuite consulter ses moyens, c'est-à-dire savoir quelle est la somme que l'on peut mettre de côté tous les ans pour payer la prime d'assurance.

Une fois fixé sur ces deux points, présentez-vous à la compagnie de votre choix, et naturellement à celle qui vous offre les garanties les plus sérieuses, faites-lui connaître votre âge, et elle se chargera du reste.

∴

Au surplus, nous allons joindre l'exemple au précepte.

Nous sommes en présence d'un riche industriel. Il est l'âme d'une importante usine. Sa mort prématurée entraînerait une liquidation ruineuse. Il ne peut se faire d'illusion à ce sujet : aucun de ses enfants n'est en âge de lui succéder.

D'ailleurs, son usine doit être la propriété d'un seul : on ne peut la partager. Elle sera le lot de son fils.

Il lui importe donc, pour l'établissement de ses filles, de créer un capital qui représente à peu de chose près la valeur de l'usine, et de le mettre à l'abri de toutes les vicissitudes de l'industrie.

D'après ses appréciations, ce capital ne peut être moindre de 400,000 francs. La compagnie lui garantit le payement de cette somme, à son décès, moyennant une prime annuelle viagère de 10,480 francs, l'industriel étant âgé de trente-deux ans.

Sans doute, dans cet exemple, la prime à payer par l'assuré est élevée, et cela doit être, le capital à payer par la compagnie étant considérable.

Mais ne perdons pas ceci de vue ; c'est très-important :

La compagnie doit le capital de 400,000 fr. le jour du décès de l'assuré, quelle qu'en soit l'époque, ce décès dût-il même avoir lieu le lendemain du jour où l'assurance a été contractée.

La compagnie donne, en outre, un dividende à l'assuré, au moyen de la participation à ses bénéfices, ainsi que nous l'avons déjà démontré.

L'Assurance constitue ainsi en réalité :

Pour le présent, — un bon placement de fonds, — mais à l'abri, celui-là, de toute éventualité fâcheuse ;

Et pour l'avenir, — un placement de haute prévoyance, ayant pour but de réparer le préjudice provenant de notre mort.

* *
*

Voici maintenant un homme considérable, né avec tous les avantages d'un grand nom. Étranger à l'industrie, il n'est pas en position de doubler plusieurs fois sa fortune dans l'espace d'un quart de siècle.

Cependant, cela serait nécessaire, car il a une nombreuse famille, — quatre enfants.

Chacun d'eux sera donc quatre fois moins riche que lui.

Cette situation le préoccupe d'autant plus qu'il tient à laisser au premier-né de ses fils, ses titres, et un domaine patrimonial qui depuis plusieurs siècles a toujours été transmis intact à l'aîné de la famille, et qui figure pour une forte somme dans sa fortune générale.

Que devra donc faire cet homme qui, malgré sa grande position, entrevoit une sorte de médiocrité pour ses enfants?

S'il veut leur conserver dans le monde, lorsqu'ils auront quitté la maison paternelle, la vie large et luxueuse dans laquelle ils ont été élevés, il devra recourir à l'assurance.

Il devra prélever sur ses revenus la somme nécessaire au payement de la prime qui lui sera demandée en raison de son âge, pour que ses héritiers trouvent, à sa mort, le capital qu'il désire leur constituer.

Ainsi, étant âgé de trente ans seulement, et

voulant augmenter sa succession de 800,000 fr., il aura à payer tous les ans la somme de 19,920 fr.

* *
*

Enfin, voici un honorable magistrat. Le travail a usé sa santé. Il prévoit qu'il aura une vieillesse maladive ; il a donc besoin de se créer le plus de ressources possibles ; car, étant célibataire, il sera forcé de confier le soin de ses vieux ans à des étrangers cupides.

Il aura en ce moment, il est vrai, une pension de retraite ; mais elle ne s'élèvera pas au delà de 4,000 francs. Il comprend qu'elle sera insuffisante.

Il possède un capital de 35,000 francs. S'il le

place sur l'État, il en retirera à peine 1,500 francs de rente.

D'ailleurs, pour le moment, il peut se dispenser de toucher aux intérêts de cette somme. Ses appointements, comme magistrat, lui suffisent.

Il confie donc son capital à une compagnie d'assurance qui devra le faire valoir, et lui en servir la rente dans vingt ans seulement, lorsqu'il prendra sa retraite. — Il aura alors soixante ans.

Eh bien! ce capital qui, dans le principe, ne devait produire que 1,500 francs de rente tout au plus, procurera à ce magistrat, en passant par les combinaisons de l'assurance, une rente énorme de 10,000 francs.

* *
*

D'après les exemples que nous venons de citer, et qu'il nous a paru inutile de multiplier davantage, le lecteur a pu se convaincre que, par la variété de ses combinaisons, l'Assurance sur la vie s'applique à toutes les positions sociales — à toutes les fortunes — et donne satisfaction à toutes les exigences.

Elle convient, nous l'avons démontré, au riche opulent qui veut empêcher le morcellement d'un vaste domaine auquel est attaché un titre de noblesse.

Elle convient à l'homme qui est sur la voie d'une grande aisance, par son travail et par son industrie, mais qui craint que la mort, en le frappant, n'arrête tout à coup le développement progressif de sa fortune.

Elle convient encore et surtout à celui qui vit en quelque sorte au jour le jour, et à qui la satisfaction de donner un peu de bien-être aux siens est refusée, s'il n'est pas sûr de vivre de longues années, s'il n'est pas sûr d'être toujours heureux dans ses entreprises.

Ah ! il faut principalement que les hommes de cette condition, et c'est le plus grand nombre, sachent bien que, par l'Assurance seulement, ils peuvent transmettre à leurs héritiers sinon la richesse, du moins une position à l'abri du besoin.

* *
*

Et que personne ne dise jamais, que s'assurer pour ne pas procurer une sorte de fortune aux siens, c'est faire une opération inutile ! Cela n'est pas exact. Car dans certains moments de détresse, d'accablement, une famille entière peut être sauvée par la somme la plus insignifiante.

Que de fois on a entendu dire autour de soi, très sérieusement : — Oh ! si j'avais un petit capital, à moi, en argent... seulement 3 ou 4,000 francs... moins que cela même ! quelle force j'aurais !... En quelques années je serais riche.

Or, ce petit capital, que quelques-uns semblent dédaigner, et qui, pour beaucoup d'autres, serait, et avec raison, le commencement de la fortune, chacun peut le constituer, à coup sûr, à peu de frais.

Un homme qui, à l'âge de vingt-huit ans, ferait une assurance sur sa tête et payerait seulement 30 francs par trimestre, garantirait à sa famille, au moment de son décès, une somme de 5,000 francs, et en attendant il jouirait lui-même du dividende afférent à chaque prime payée, ainsi que nous l'avons démontré au chapitre III.

Et dans cette opération, ce n'est pas seulement les 5,000 francs acquis que nous devons considérer.

Selon nous, ce qu'il faut remarquer surtout, c'est que cette première épargne de 30 francs par trimestre, 10 fr. par mois, aurait pour effet immédiat de faire naître et de développer dans la famille cet esprit d'ordre, d'économie et de prévoyance qui est le point de départ de toute fortune, et la base de toute moralité.

En présence d'un semblable résultat et du sacrifice léger qu'il faudrait s'imposer pour l'obtenir, ne sommes-nous pas autorisé à affirmer que le père de famille qui ne s'assure pas, alors qu'il n'a pas une aisance parfaitement assise et garantie, se rend coupable envers sa famille autant qu'envers la société ?

Envers sa famille, — parce qu'il s'expose à la laisser dans une gêne très grande, sinon dans la misère;

Envers la société, — parce qu'il s'expose à laisser à sa charge sa femme et ses enfants.

CHAPITRE IX

L'Assurance est accessible à tous — La retenue faite aux employés et aux ouvriers de l'État, et la prime d'assurance des employés et des ouvriers de l'administration privée — Différence essentielle entre la retenue et la prime d'assurance — La *Caisse des Petites Assurances* créée par l'Empereur. — L'Assurance devant le Corps législatif — Dans l'École primaire — Dans l'Atelier — Dans les Écoles régimentaires — A bord des vaisseaux de l'État.

Il est nécessaire, ici, que nous allions au-devant d'une objection. — Elle s'est produite déjà, elle se produira encore.

L'Assurance, dira-t-on, n'est pas accessible à tout le monde. Ni le petit commerçant, ni l'employé occupant une position modeste, ni l'ouvrier surtout ne sont en mesure de payer une prime d'assurance. — Comment demander le superflu à celui qui n'a pas le nécessaire ?

Cette objection est sérieuse. Nous le reconnaissons, et nous n'aurions osé la combattre, si elle n'avait trouvé sa réfutation dans un fait qui est à la connaissance de chacun. — Ce fait le voici :

Que se passe-t-il dans les administrations du gouvernement ? — Une retenue est faite sur les appointements, sur les salaires des employés et des ouvriers, quels qu'ils soient, alors même qu'ils ne gagnent pas cent francs par mois.

Or, ils seraient autorisés à dire, eux aussi, qu'ils ne peuvent payer la retenue qui leur est imposée, gagnant à peine pour vivre. Ce serait la vérité.

Ils se gardent bien, cependant, d'élever la moindre réclamation. Pourquoi ? — Parce qu'ils savent parfaitement que l'État resterait sourd à leurs demandes. — Parce qu'ils sont très aises que cette retenue leur soit faite, attendu qu'elle leur garantit une pension de retraite. Et ils sont persuadés qu'ils ne sauraient se la créer, si l'État n'agissait pas d'autorité. La volonté, la persévérance de prélever sur leurs appointements, tous les mois, pendant trente ans, l'économie nécessaire pour donner naissance à cette retraite, leur ferait absolument défaut.

Ils arriveraient donc à la vieillesse — sans ressources — comme on voit y arriver les employés et les ouvriers de l'industrie.

Eh bien ! le sacrifice que les uns s'imposent, pourquoi les autres ne se l'imposeraient-ils pas ? Aucune raison ne peut légitimer une différente manière d'agir. Car les employés du gouvernement, — nous parlons de ceux qui ont une position secondaire, — ne sont pas mieux rétribués que ceux des administrations privées. — Si les uns sont mariés, les autres peuvent l'être aussi et avoir des enfants. — Enfin, ils sont exposés tous aux mêmes charges.

* *
*

Qu'on ne s'imagine pas, du reste, que le prélèvement mensuel d'une très minime somme fait sur les appointements ou sur les salaires, rende l'existence plus difficile. — Non, on ne vit pas moins mal avec 100 francs par mois, par exemple, qu'avec 95 francs; avec 150 francs qu'avec 140.

C'est-à-dire que, dans l'un comme dans l'autre cas, on est condamné à des privations. Mais il est évident que la retenue opérée sur les employés de l'État, et que tout salarié, qui veut contracter une assurance, peut s'imposer aussi, est trop faible pour qu'elle puisse exercer une influence appréciable en moins sur le bien-être de celui qui la supporte.

Seulement, on se résigne plus volontiers aux privations inévitables, lorsqu'on sait qu'elles doivent avoir un résultat utile, ainsi que cela a lieu pour l'employé à qui l'État inflige, à sa grande satisfaction, une retenue, tous les mois, sans y manquer jamais, et sans se préoccuper si celui qui la subit en souffrira ou non. La mesure est bonne; on l'impose et on la fait exécuter.

* *
*

Et pourtant, remarquez la différence qui existe entre la retenue faite à l'employé qui doit jouir d'une retraite, et la prime d'assurance.

La retenue ne donne droit à rien, si la mort survient avant le temps fixé pour l'entrée en jouissance de la pension. Dans ce cas, l'employé et l'ouvrier du gouvernement s'éteignent avec cette pensée désespérante que les économies qu'ils ont laissées dans la caisse du Trésor, pendant peut-être vingt ou vingt-cinq ans, sont à tout jamais perdues pour eux et pour leur famille.

La prime d'assurance, au contraire — répétons-le sans cesse — crée, le jour même de son versement, un capital que la famille recevra à coup sûr, quand arrivera le décès de l'employé ou de l'ouvrier qui se sera assuré, en s'imposant une retenue volontaire sur ses appointements ou sur son salaire de chaque mois.

Admettons même que celui-ci, pour rendre cet acte de prévoyance plus efficace, s'impose quelques privations particulières. Admettons que la prime payée au moyen de ces privations empiète quelquefois sur le budget du café et du tabac. Où est le mal? Où n'est pas au contraire l'avantage? Moins il donnera de temps au café, plus il en consacrera à son intérieur.

Tout sera profit pour lui. Il veillera mieux sur sa famille ; il aura la satisfaction de voir les liens qui l'unissent aux siens se resserrer de plus en plus, et il se préparera ainsi une somme d'affection plus grande, qu'il sera heureux de trouver, quand il aura vieilli, pour soutenir ses pas chancelants.

* *
*

Ce sont ces considérations, jointes au désir de voir constituer un patrimoine aux familles qui en sont privées, qui ont sans doute inspiré à l'Empereur la création de la *Caisse des Petites Assurances* en faveur des classes peu fortunées qui ne peuvent verser des primes élevées.

Le projet de loi relatif à cette Caisse, mis à l'étude dans le sein du conseil d'État, sera bientôt soumis aux délibérations du Corps législatif.

Il rencontrera peut-être des résistances — c'est le sort de toute chose que des hommes d'opinions diverses, et réunis en assemblée, sont appelés à discuter.

Mais l'opposition que ce projet peut provoquer ne saurait porter que sur son application. Nul ne peut vouloir s'élever contre l'institution elle-même, dont la haute portée morale, et dont les avantages matériels seront appréciés de tous.

Il faut que les hommes d'État se pénètrent bien de cette vérité que la misère ne peut être tenue en échec que par l'Assurance, c'est-à-dire par l'association, mathématiquement calculée, de l'épargne de chaque jour et des probabilités de vie que nous avons tous, pour créer le capital désiré.

Il faut qu'ils sachent bien que l'Assurance, ainsi entendue, est le critérium de l'économie sociale appliquée au soulagement des malheurs qui assiégent l'humanité.

Que l'on discute dans ses moindres détails le rouage administratif qui fera mouvoir la *Caisse des Petites Assurances*, mais qu'on respecte le principe de l'Assurance, qu'on aide à son développement au lieu de chercher à l'arrêter.

A qui pourrait venir la pensée que l'intervention de l'État dans la question des Assurances porte atteinte à l'industrie privée? Les limites dans lesquelles l'État se renferme sont tellement étroites que les compagnies n'ont rien à redouter de cette concurrence.

En s'imposant, ainsi qu'elle l'a fait, l'obligation de n'assurer, par exemple, aucun capital au-dessus de 3,000 fr., la *Caisse des Petites Assurances* ne saurait léser en rien les intérêts des compagnies, puisque les contrats acceptés par celles-ci ne descendent que par exception très-rare jusqu'à cette somme. Elle contribuerait donc bien plus tôt à l'accroissement de leurs opérations, en faisant pénétrer dans les couches inférieures de la société la connaissance du principe de l'Assurance, qui se vulgariserait ainsi de plus en plus ; car, si l'exemple qui vient d'en haut est tout puissant, l'exemple qui vient d'en bas ne l'est pas moins, quand i s'impose par l'autorité du grand nombre.

Que l'on s'associe donc à la pensée généreuse qui, par la création de la *Caisse des Petites Assurances*, a voulu encourager la prévoyance des classes laborieuses auxquelles elle fait complétement défaut, et les mettre ainsi à l'abri du dénûment absolu dans lequel elles ne tombent que trop souvent.

Et, pour que l'Assurance fasse en quelque sorte invasion parmi nous; pour qu'elle entre dans la nation par tous ses pores, — ouvrons-lui à deux battants les portes de l'école primaire et de l'atelier. — Donnons-lui accès dans les écoles régimentaires et dans les vaisseaux de l'État.

Les années passent vite. — L'adulte qui fréquente l'école sera bientôt devenu homme. Il est bon qu'il commence par connaître le mot — Assurance — pour que, plus tard, ce mot réveille en lui un souvenir et le rende prévoyant, quand le moment sera venu d'en faire l'application à la vie pratique.

A son tour, le soldat ne restera pas toujours sous les drapeaux, pas plus que le marin n'est condamné à passer sa vie sur la mer. Ils sont destinés l'un et l'autre à rentrer dans leurs foyers et à s'y établir. Alors une vie nouvelle commencera pour eux, vie pleine de responsabilité. Leur cœur, d'accord en cela avec la loi, leur fera un devoir de veiller sur leur famille et de la garantir contre le malheur qui serait la conséquence inévitable d'une mort prématurée.

Quant à l'ouvrier, est-il nécessaire de lui rappeler qu'il se trouve sans cesse en présence de deux ennemis redoutables? — Les accidents de toutes sortes qui, en le rendant impropre au travail, lui enlèvent rapidement les faibles économies qu'il a pu réaliser, — et la mort, qui, en le faisant disparaître du milieu des siens, laisse ceux-ci dans la misère.

Or, qui, mieux que l'instituteur, peut expliquer l'Assurance et la faire comprendre ?

Qui, mieux que nos jeunes officiers, peut donner une idée exacte des combinaisons de l'Assurance et des calculs sur lesquels elle repose ?

Enfin, pour parler à l'ouvrier des ressources que lui offre la *Caisse des Petites Assurances*, où trouver un meilleur interprète que le chef d'usine vivant de la vie de l'ouvrier et sachant de quels dangers cette vie est menacée? Souvent même, pour donner plus d'autorité à ses exhortations, il pourra, ainsi que l'instituteur, d'ailleurs, se citer comme exemple.

L'Assurance, en effet, compte de nombreux adhérents dans l'industrie aussi bien que dans le corps enseignant.

Il est donc utile d'habituer nos jeunes générations aux idées de prévoyance et de leur apprendre que le gouvernement a réduit en faveur des travailleurs, et autant que la prudence le lui a permis, le tarif des primes à payer, afin de rendre les bienfaits de l'Assurance accessibles à tous — chacun dans la limite de ses ressources.

∴

Mais les heureux de la terre, ceux qui ignorent peut-être ce qui se passe dans les familles vivant du travail de chaque jour, quand ce travail s'éteint prématurément dans la mort, apprécieront peu sans doute les avantages de cette institution.

Ah ! — croyez-le bien — la *Caisse des Petites Assurances*, mise à la portée de tous, n'aurait-elle pour résultat que de pourvoir aux frais des funérailles du chef de famille décédé — que de fournir à la femme et aux enfants le moyen de prendre des vêtements de deuil pour témoigner de leur douleur, — n'aurait-elle, enfin, pour résultat que d'empêcher la famille de l'infortuné qui n'est plus, de se trouver, le lendemain même de sa mort, en présence de la faim, qu'il faudrait l'accueillir avec empressement. — Hélas! que d'humiliations! que de tortures évitées!

Épargnons-les donc, si c'est possible, à ceux qui sont accablés, et nous aurons bien mérité de l'humanité.

Inspirons, en même temps, l'amour de l'ordre et de l'économie à ceux, quels qu'ils soient qui n'ont pour patrimoine que leur travail quotidien.

L'économie, a dit Mirabeau, est la seconde providence du genre humain. — Chose étrange! c'est l'homme le plus désordonné dans sa vie privée qui devait annoncer cette grande vérité. — Aidons les travailleurs à la connaître et à la mettre en pratique. Nous aurons puissamment contribué à l'extinction du paupérisme.

Tel est le but que veut atteindre la *Caisse des Petites Assurances*. C'est toute son ambition : elle est légitime (1).

(1) Ce que nous avions prévu est arrivé. — Le projet de loi a été adopté à l'unanimité, après trois séances, dans lesquelles les députés les plus autorisés ont pris la parole. — Tous, ils ont proclamé les bienfaits de l'Assurance, malgré la divergence de leurs opinions politiques.

Cela, d'ailleurs, devait être; car l'Assurance compte des prosélytes convaincus dans le Corps législatif. Quelques-uns même sont assurés pour des sommes importantes.

Le vote unanime de la Chambre a donc été une nouvelle glorification du principe de l'Assurance sur la vie.

J. I.

CHAPITRE X

Rapport entre l'Assurance et l'économie sociale — L'Assurance est un acheminement vers la solution du problème de la misère — Elle force la mort à réparer en partie le mal qu'elle fait — Pourquoi rien ne peut remplacer l'Assurance.

On voit, d'après ce qui précède, que l'Assurance entre de plain pied dans le domaine de l'économie sociale.

Quel que soit, en effet, le rang que nous occupions, nous n'avons qu'une manière d'être sur cette terre : — Producteur et consommateur. — Nous concourons donc tous à la formation du fonds social, qui compose la base de toute société civilisée.

Aussi, quand l'homme meurt, si la famille éprouve une perte, la société, de son côté, en éprouve une. — Ayant un producteur et un consommateur de moins, elle s'est appauvrie d'autant.

C'est pour cette raison que les gouvernements se préoccupent si fort de l'accroissement de la population, parce que les grandes populations font les nations fortes et puissantes.

La mort d'un homme est donc toujours inévitablement une perte. Celui-ci doit la réparer pour reconnaître les soins que la famille lui a prodigués, alors qu'il n'était que consommateur, avant d'avoir pu être producteur, pour reconnaître aussi les services que la société n'a cessé de lui rendre, en le couvrant de sa protection pendant toute sa vie.

Pour que cette réparation soit réelle, logique, il faut qu'elle soit la conséquence de l'événement qui la rend nécessaire. — On ne peut séparer l'effet de sa cause.

Ainsi, la mort ayant causé la perte de l'homme, la réparation doit venir de la mort même.

Par quelle combinaison cela peut-il se faire? Par l'Assurance. — Elle seule est à même de produire ce résultat au moyen de l'épargne de tous, qu'elle capitalise. Cela est si rigoureusement vrai que l'effet réparateur du contrat d'assurance naît à l'instant même où l'homme s'éteint; si bien que cet effet ne se manifesterait jamais si la mort ne venait pas.

On peut donc dire que la mort — cet anéantissement de tout au point de vue matériel, — est ainsi forcée par l'Assurance de s'arrêter à mi-chemin dans son œuvre de destruction, et de réparer une partie de ce qu'elle a détruit.

* *
*

Constatons une fois de plus que l'Assurance sur la vie n'est pas une opération purement commerciale, purement industrielle, et d'une importance secondaire, comme quelques esprits superficiels ont pu le penser.

Si nous n'avions trouvé dans cette institution qu'un moyen, pour quelques riches capitalistes, de gagner de l'argent, nous le déclarons, jamais nous n'aurions consenti à consacrer la moindre parcelle de notre temps à étudier ses combinaisons.

Mais non ! l'Assurance apparaît à l'homme sérieux comme l'un des mille moyens dont la société dispose pour mettre le bien-être à la portée de tous ses membres.

Elle se présente, en outre, avec tous les caractères d'une science sociale toute-puissante, ayant des attaches intimes avec la question de l'Assistance publique, et devant être tôt ou tard un acheminement vers la solution du terrible problème de la misère, solution qui est encore à trouver.

Aussi, est-ce vainement que l'on chercherait dans l'Assurance le stimulant de la spéculation.

Ici, pas de loterie, pas de gros lots à gagner.

Ici, pas de capital péniblement amassé après vingt années de travail et de privations, perdu en un jour, par l'appât d'un gain considérable, spontané.

Ici, enfin, rien qui tente, rien qui excite notre cupidité.

L'Assurance sur la vie constitue, au point de vue de la famille en faveur de qui elle est faite, une opération d'un autre genre, nous voulons dire d'une nature plus élevée.

C'est un placement tout de prévoyance, — que

le travail prépare et rend possible — que l'affection inspire — et que l'épargne persévérante continue.

Tel est le véritable caractère de l'Assurance, et c'est là ce qui la rend éminemment recommandable.

* *
*

Non, — quoi qu'on fasse, — il n'existe pas d'opération qui vaille l'Assurance.

Dans le commerce, dans l'industrie, nul ne peut dire : — L'avenir est à moi !

Pour réussir, il ne faut pas seulement l'activité, l'intelligence, la persévérance, il faut encore que ces qualités ne soient pas contrariées dans leur développement par la mort tout d'abord, et ensuite par des circonstances imprévues qui viennent tout paralyser : — la guerre, les mauvaises récoltes, les hivers rigoureux, les troubles intérieurs.

Il ne faut pas surtout que les affaires générales du pays éprouvent tout à coup ces malaises que chacun ressent et que personne ne saurait définir. — Mal mystérieux qu'on cherche en vain pour le combattre. Il se dérobe aux yeux de tous. Ses effets sont d'autant plus désastreux qu'on ne peut en saisir la cause. Aussi entraîne-t-il souvent bien des maisons industrielles dans la ruine.

Dans l'Assurance, ce concours de circonstances fâcheuses n'est pas à redouter. Le contractant connaît son point de départ, et il sait son point d'arrivée. Rien ne s'opposera à la realisation du capital qu'il a voulu former. — Ce capital se fera forcément — en quelque sorte malgré lui. — Pourquoi ? parce que l'Assurance repose sur un événement inévitable, qui ne peut pas ne pas arriver, qu'aucune puissance humaine ne peut conjurer.

Cet événement immuablement certain, — c'est la mort. Or, nous l'avons dit, c'est la mort même qui produit le capital.

Et qui sait ? — car faut-il bien tout dire ; — il y a des hommes, en raison des circonstances malheureuses, imprévues, signalées plus haut, en raison aussi de leur incurie, qui n'auront peut-être d'autre valeur que celle que leur donnera l'Assurance le jour de leur mort.

....

CHAPITRE XI

Conclusion.

Reconnaissons-le — au milieu de nos sociétés modernes, dévorées d'un immense et légitime désir d'acquérir, de posséder — aucun établissement de crédit, quel qu'il soit, ne peut jouer le rôle réparateur, providentiel de l'assurance sur la vie.

A elle seule appartient le droit, la possibilité de sauver l'homme de la ruine qui plane sans cesse sur sa tête, — soit en créant le capital qui n'existe pas et que l'homme n'a pas le temps de créer, — soit en affermissant le capital qui est en voie de se former.

Elle seule peut rassurer le présent et garantir l'avenir.

En un mot, — sans l'Assurance — l'incertitude toujours et souvent la misère.

Avec l'Assurance — la sécurité et le bien-être.

Insensé est donc celui qui ne s'assure pas, alors qu'il ne peut affirmer souverainement que son décès ne sera pas pour les siens la cause des plus dures privations !

Égoïste est donc celui qui, riche et pouvant mourir sans que sa famille ait à souffrir autrement que d'une douleur morale, n'a pas la pensée de convertir en prime d'assurance une très-faible partie de son superflu pour constituer un capital qui, plus tard, contribuera sous une forme quelconque, à venir en aide à ceux qui n'ont pas le nécessaire !

En s'assurant, il témoignerait du vif désir de faire le bien qui l'anima toujours.

Il acquitterait, en même temps, sa dette envers

la société, dans la personne de ceux de ses membres qui sont le plus déshérités, et il terminerait sa carrière par une bonne action.

Telle est notre conviction sur l'Assurance. — Elle est intime, profonde, et ne saurait varier.

Déjà elle est partagée par tous les écrivains qui, avant nous, ont étudié la question que nous venons de traiter. — Elle le sera aussi par les économistes consciencieux qui, dans leurs travaux, s'efforcent de mettre en lumière les saines doctrines de l'économie sociale.

Mais puisse cette conviction s'emparer surtout de l'âme tout entière des pères de famille qui liront ce livre !

FIN.

TABLE DES MATIÈRES

Clichy. — Impr. M. Loignon, P. Dupont et Cie, rue du Bac-d'Asnières, 12.

www.ingramcontent.com/pod-product-compliance
Ingram Content Group UK Ltd.
Pitfield, Milton Keynes, MK11 3LW, UK
UKHW020317180726
13839UKWH00001B/481

9 782329 481449